# BEI GRIN MACHT SICH IHR WISSEN BEZAHLT

D1826914

- Wir veröffentlichen Ihre Hausarbeit, Bachelor- und Masterarbeit

- Ihr eigenes eBook und Buch - weltweit in allen wichtigen Shops

- Verdienen Sie an jedem Verkauf

Jetzt bei www.GRIN.com hochladen und kostenlos publizieren

**Bibliografische Information der Deutschen Nationalbibliothek:**

Die Deutsche Bibliothek verzeichnet diese Publikation in der Deutschen National-
bibliografie; detaillierte bibliografische Daten sind im Internet über http://dnb.d-
nb.de/ abrufbar.

**Impressum:**

Copyright © 2012 GRIN Verlag, Open Publishing GmbH
Druck und Bindung: Books on Demand GmbH, Norderstedt Germany
ISBN: 9783668319424

Sebastian Pape

# Das Wirkungsspektrum der Musik. Auswirkungen auf den Menschen

**Elektrifizierung der Musik**

GRIN Verlag

**GRIN - Your knowledge has value**

Der GRIN Verlag publiziert seit 1998 wissenschaftliche Arbeiten von Studenten, Hochschullehrern und anderen Akademikern als eBook und gedrucktes Buch. Die Verlagswebsite www.grin.com ist die ideale Plattform zur Veröffentlichung von Hausarbeiten, Abschlussarbeiten, wissenschaftlichen Aufsätzen, Dissertationen und Fachbüchern.

**Besuchen Sie uns im Internet:**

http://www.grin.com/

http://www.facebook.com/grincom

http://www.twitter.com/grin_com

Facharbeit im Seminarfach „Elektrifizierung der Musik"


Das Wirkungsspektrum der Musik-Auswirkungen auf den Menschen

# Inhaltsverzeichnis

# 1 Einleitung

Diese Facharbeit wird für das Seminarfach „Elektrifizierung der Musik" verfasst. Dieses beschäftigt sich mit der Entwicklung der Musik und den aus der Elektrifizierung resultierenden Veränderungen und Möglichkeiten. In meinem Thema „Das Wirkungsspektrum der Musik- Auswirkungen auf den Menschen" werde ich auf die individuelle Wirkung der Musik eingehen und sowohl die positiven, als auch die negativen Aspekte behandeln.

Welche Vor- und Nachteile hat sie für den Menschen? Birgt sie auch Gefahren? Wenn ja, welche? Um diese Fragen aufklären zu können, habe ich eine Umfrage an meiner Schule, ein Experiment in einem Kindergarten und zudem ein Interview mit einem Mitarbeiter des Hörzentrums in der Stadt X durchgeführt. Ich habe dieses Thema für meine Facharbeit gewählt, weil ich zeigen will, dass, und in welchem Ausmaß sich die Musik auf den Menschen auswirkt und wie vielseitig sie seien kann. Das Individuum selbst erkennt meist nicht, wie verschiedene akustische Eindrücke es beeinflussen können. Es nimmt sie zwar wahr, aber das gesamte Wirkungsspektrum ist nicht sofort erkennbar. Diesen Sachverhalt werde ich im Verlaufe meiner Facharbeit belegen und veranschaulichen.

## 1.1 Was ist Musik?

Zunächst möchte ich versuchen, den Begriff „Musik" als solchen in seiner Komplexität zu definieren. Die Definition dieses umfangreichen Begriffes kann dabei sowohl auf der objektiven, als auch auf der subjektiven Ebene erfolgen.

Objektiv, also rein technisch, kann man die „Musik" als eine bewusste Aneinanderreihung von Tönen beschreiben. Um den Tönen der Musik eine Ordnung zu verleihen, gibt es drei Systeme: den Rhythmus, die Melodie und die Harmonie.
Der „Rhythmus" bestimmt den zeitlichen Ablauf, den Takt und das Tempo der einzelnen Töne. Die Abfolge verschieden hoher Töne bezeichnet man als „Melodie" und bei der „Harmonie" handelt es sich um das Erklingen verschiedener Töne zur selben Zeit.

Diese sehr objektive Definition veranschaulicht zwar deutlich, wie die Musik in sich aufgebaut ist und aus welchen Teilen sie sich zusammensetzt, doch wird dadurch die fassettenreiche Wirkung der Musik nicht klar genug zum Ausdruck gebracht. Da die Musik von Subjektivität geprägt ist, sollte man diese Sichtweise keinesfalls außer Acht lassen. Ist sie für den einen die vermittelnde Sprache aller Länder, so ist sie für jemand anderen bloß ein simpler Zeitvertreib. Ob und was der Hörer empfindet, kann von Mensch zu Mensch sehr variabel sein. Um die verschiedenen Bedeutungen der Musik für das Individuum zu erfassen, habe ich den Schülern und Lehrern des Gymnasiums X über IServ[1] folgende Frage gestellt:

„Was bedeutet/ist Musik für dich?"

Zur Veranschaulichung der erhaltenden Resonanz, habe ich ein Diagramm angefertigt. Auf der y-Achse sind die Antwortmöglichkeiten (jeder Befragte durfte drei persönlich zutreffende Antworten wählen) aufgetragen. Auf der x-Achse findet sich die jeweilige Anzahl der gewählten Antworten wieder.

Insgesamt haben 81 Schüler und Lehrer an der Umfrage teilgenommen.

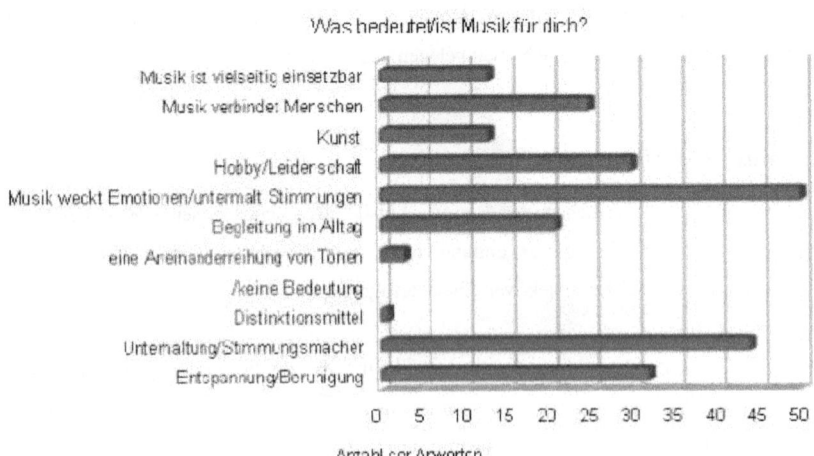

*Manche der Umfrageteilnehmer haben mehr oder weniger als die geforderten drei Antworten ausgewählt. Aufgrund dessen stimmt die Gesamtanzahl der Antworten nicht mit der dreifachen Gesamtteilnehmerzahl überein.*

---

[1]Schulserver des Gymnasiums X

Die aus der Umfrage erhaltenen Informationen belegen eindeutig meine vorher aufgestellte These, die Bedeutung und die Wirkung der Musik sei für jeden Menschen individuell, auch wenn sich teilweise ähnliche Tendenzen erkennen lassen.

Niemand wählte die Antwortmöglichkeit „/ keine Bedeutung" aus, woran man eindeutig eine persönliche und wahrscheinlich auf Emotionen basierende Affinität der Befragten zur Musik erkennen kann. Jeder Teilnehmer verbindet etwas mit Musik, was daraus hervorgeht, dass insgesamt 50 Schüler und Lehrer, die Mehrheit der Befragten, die Antwortmöglichkeit „weckt Emotionen/untermalt Stimmungen" ausgewählt haben. Somit ist bewiesen, eine rein objektive Definition von Musik deckt das gesamte Spektrum der Wirkungen und Bedeutungen für das Individuum nicht ab. Außerdem ersichtlich ist, viele Menschen binden Musik regelmäßig in ihren Lebensalltag ein, beispielsweise durch ein auf Musik basierendes Hobby oder das Erlernen eines Instruments.

## 2 Positive Auswirkungen der Musik auf den Menschen

Da ich nun die verschiedenen Ebenen der Musik dargelegt habe, werde ich mich nun mit den positiven Auswirkungen der Musik auf den Menschen befassen. Musik kann, unter der Voraussetzung, dass der Mensch sich psychisch auf sie einlässt, sehr viele verschiedene Auswirkungen auf ihn haben. Zum Beispiel beeinflusst sie die Herzfrequenz, den Pulsschlag und die Gehirnaktivität. Ausschlaggebend für die Veränderung der Herzfrequenz oder des Pulsschlags ist das Genre der Musik. So sorgt beispielsweise Rock für einen schnelleren Pulsschlag und Klassik für einen langsameren. Wie in der Umfrage deutlich wurde, besteht mit Musik stets eine emotionale Bindung. Sie kann Gefühle hervorrufen oder vertiefen und lässt Personen sich an prägende Lebenssituationen und -ereignisse erinnern. Aber welche Faktoren spielen eine tragende Rolle für die Wirkung der Musik auf das Individuum?

Wie bereits im obigen Teil erwähnt, spielt das Genre der Musik eine spezielle Rolle, woraus sich ergibt, dass auch dem Tempo eine gewisse Wichtigkeit zufällt. Das Tempo der Musik kann sich beruhigend oder auch aufputschend auf den Menschen auswirken. Die normalen menschlichen Reaktionen laufen bei 72 Herzschlägen pro Minute ab, aber hört man nun Musik, deren Tempo über 72 bpm( beats per minute) liegt, wirkt die Musik stark belebend. Ein Tempo unter 72 bpm hingegen wirkt beruhigend. Die effektivste Entspannungswirkung auf den Menschen erzielt man bei einem Tempo von 60 bpm, wobei es sich um die ursprüngliche Herzfrequenz des Menschen vor dem Einsetzten des Zivilisationsstresses (Verkehr, Stadtleben, …) handelte, die immer noch im Menschen verankert ist. [2]

Neben dem Tempo spielt das Tongeschlecht eine entscheidende Funktion für die Wirkung der Musik. Bewirkt ein Stück mit dem Dur-Geschlecht eher ein fröhliches Gefühl, so erzielt eines in Moll eine eher traurige Stimmung. Dennoch sind die emotionalen Wirkungen der Musik von Mensch zu Mensch auch hier wieder sehr variabel in ihren Ergebnissen. Diese sind abhängig von der Grundstimmung, der Situation und der Verfassung, in der der Mensch sich zum Zeitpunkt des Hörens befindet. So kann ein Stück von einem Mensch als erquickend und von einem anderen als deprimierend empfunden werden. Somit spielen die persönlichen Faktoren, die auf ein Individuum wirken, eine größere Rolle, als die Stimmung, die mit der Musik zu vermitteln versucht wird.

## 2.1  Praktischer Teil

Um erkennbar zu machen, wie sich die Musik auf den Menschen auswirkt, habe ich ein Experiment im Kindergarten X durchgeführt. Meine Intention bestand darin, zu zeigen, dass die Musik einen Einfluss auf den Menschen haben kann, dass sie Emotionen wecken und Menschen in bestimmte Stimmungen versetzen kann. Zuerst habe ich mir also überlegt, wie ich Musik als beeinflussendes Element am Besten darstellen kann. Letztendlich kam ich zu der Erkenntnis, dass die Malerei, eine andere Kunstform, die Funktion der Musik am Besten zum Vorschein bringt. Es werden Gefühle, die durch die Klänge hervorgerufen werden, durch die Malerei ausgedrückt. Ich habe bewusst Kindergartenkinder (im Alter von fünf Jahren) für meinen Versuch gewählt, da sie noch nicht so sehr durch die Gesellschaft oder die Medien geprägt und beeinflusst worden sind. Sie können ihre wahren Gefühle offen nach außen tragen und die individuelle Wirkung der Musik auf sie persönlich noch fast vollkommen unverfälscht aufzeichnen. Nach Anfrage wurden mir sechs Kinder zugeteilt, drei Mädchen und drei Jungen, denen ich drei verschiedene Lieder vorspielen wollte. Um die verschiedenen Emotionen besser zeigen zu können, wählte ich Lieder verschiedenster Genres.[3] Die Kinder sollten jeweils ein Bild  für jedes von mir vorgespielte Lied malen, auf dem sie versuchen

---

[2]Vgl. [2] http://www.feelit.ag.vu/Seite_4_musik_-koerper.html
[3]Pop: Cascada- *Summer of Love* Klassik, symbolisch für Trauer: Yiruma- *River flows in you* Kindermusik, symbolisch für Fröhlichkeit: Sophie & Magaly- *Papa Pinguin*

sollten, ihre Gefühle bei der jeweiligen Musik festzuhalten, indem sie ihre Malerei mit dem Lied in Verbindung setzten. Im Anschluss sollten sie mir mündlich erläutern, was genau sie dabei fühlten und warum sie bestimmte Sachen malten. Das klassische Klavierstück *River flows in you* wurde als „traurig" und „ruhig" kommentiert. Dementsprechend malten sie Herzen und Sterne, die das Verträumte symbolisierten und Klaviere und Geigen als Darstellung der verwendeten Instrumente. Obwohl die Kinder noch kein Englisch können, malten sie zu *Summer of Love* Herzen und Sonnen, die den Songtext widerspiegeln. Sie empfanden die Musik als „fröhlich" und dachten dabei an den Sommer und Sonne. Bei *Papa Pinguin* wurden Pinguine, Sterne und Wasser gezeichnet.[4] Sie lachten und wippten im Takt, was eindeutig als Ausdruck für Spaß und Fröhlichkeit zu werten ist.


Allgemein kann man dem Experiment entnehmen, dass die Kinder trotz, oder gerade wegen ihres Alters, die Verbindung zu der Musik herstellen und ihre Gefühle ausdrücken konnten. Sie konnten die Stimmung wiedergeben und diese in Malereien umsetzen. Eines der Kinder malte zu jedem der Lieder Alltagssituationen, zum Beispiel einen Bäcker, seinen Freund oder sein Haus. Er verarbeitete durch die Musik seinen Alltag und assoziierte mit der Musik Situationen und Gegenstände aus seinem alltäglichen Leben. Auch bei diesem Experiment spielen verschiedene Faktoren eine entscheidende Rolle. Auffällig ist gewesen, dass die Persönlichkeit der Kinder ausschlaggebend für die Malerei und die Verbindung zu der Musik war. Eines der Kinder war sehr extrovertiert und motiviert, weshalb es sofort eine Verbindung zu der Musik herstellen konnte. Ein Anderes hingegen, war eher introvertiert und schüchtern. Bei diesem handelte es sich um das Kind, welches die Alltagssituationen in seiner Kunst verarbeitet hat. Darüber hinaus beeinflusste auch das Geschlecht der Kinder die Ergebnisse. Die Mädchen wählten beispielsweise andere Farben und malten andere Gegenstände als die Jungen.


Die Umfrage an der Schule und das Experiment im Kindergarten deckten Teilnehmer verschiedenster Altersstufen ab. Doch trotz des Altersunterschieds wurde deutlich, Musik setzt eine Offenheit voraus, damit Menschen eine Verbindung zu ihr herstellen können. Lässt man sich auf die Musik ein, so offenbart sich eine Bandbreite verschiedenster Wirkungen. Aber nicht nur allein die Musik hat positive Auswirkungen auf den Menschen, sondern auch durch die Elektrifizierung erreicht die Wirkung und das Nutzen der Musik eine neue

---

[4]Bilder im Anhang (Abb.1.0; Abb.1.1; Abb.1.2; Abb.1.3)

Dimension. Durch die Elektrifizierung konnten zum Beispiel Hörgeräte hergestellt werden, die Menschen mit Schwerhörigkeit helfen. Denn leider kann Musik auch negative Wirkungen auf den menschlichen Körper haben, manchmal sogar die Ursache für die Notwendigkeit eines Hörgeräts sein.

„Musik wird oft nicht schön gefunden, weil sie stets mit Geräusch verbunden."[5]

Dieses Zitat verdeutlicht, auch Musik hat nicht nur positive Aspekte, sondern kann auch durch die mit ihr verbundenen Geräusche Gefahren mit sich bringen. Die Elektrifizierung förderte diese negativen Seiten der Musik durch die Erfindung der Klang verstärkenden Boxen, dank derer Musik viel lauter abgespielt werden kann. Gerade diese akustische Belastung führt häufig zu Schwerhörigkeit und anderen auditiven Verletzungen (Trommelfellriss u.Ä.) Das wirft die Frage auf, wie das Gehör eigentlich funktioniert und wie es die Musik und die damit verbundenen Geräusche wahrnimmt, beziehungsweise wie es von ihr beeinflusst wird.

## 3  Das Gehör

Der Mensch besitzt fünf Sinnesorgane, die ihn die Umwelt wahrnehmen lassen. Das Auge nimmt visuelle Reize wahr, die Haut äußere Reize der Umwelt , der Mund und die Nase gehören zu den sogenannten „Geschmacksfeldern", die Geschmäcker und Gerüche wahrnehmen. Das Ohr ist das fünfte Sinnesorgan, welches den Menschen Geräusche hören und lokalisieren lässt. Alle Töne und Klangfolgen, wie zum Beispiel Musik oder Sprache, senden unsichtbare Schallwellen aus, die mit dem Ohr aufgenommen werden. Der Mensch kann Geräusche mit einem dB-Wert[6] von 10 bis 140 dB wahrnehmen. Außerdem hilft das Ohr im Zusammenspiel mit dem Auge und dem Körper dem Menschen, das Gleichgewicht zu erhalten.

---

[5]Zitat von Wilhelm Busch
[6]Dezibel: Einheit mit der Lautstärke angegeben wird

## 3.1 Aufbau

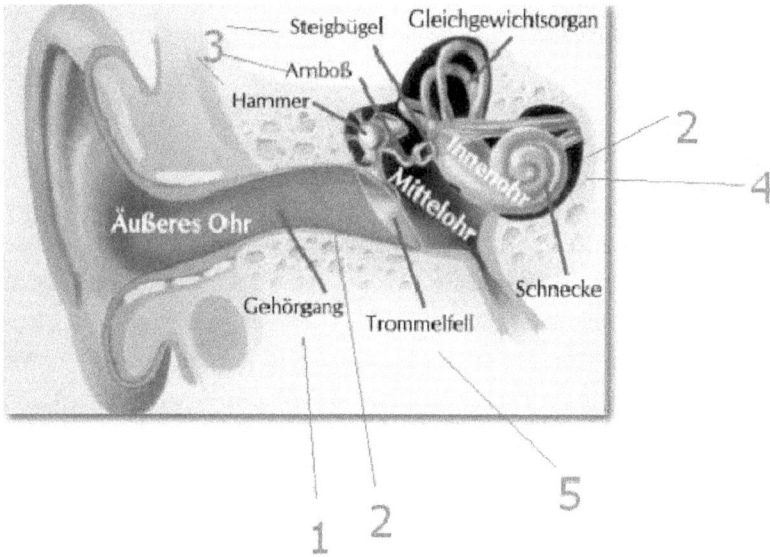

**Zusammenfassung**

Von außen sieht man nur die Ohrmuschel und den äußeren Gehörgang, an dessen Ende das Trommelfell(5) liegt. Die Luftschwingungen (Schallwellen) werden durch die Ohrmuschel aufgenommen und zum Trommelfell geleitet.. Das Trommelfell wird in Schwingungen versetzt, die anschließend auf die Gehörknöchel übertragen werden. Hier werden die Schwingungen auf die Cochlea geleitet, woraus ein Reiz der Sinneszellen resultiert. Diese Erregung wird abschließend zum Hörzentrum des Gehirns übertragen. Der Ton wird erst hier akustisch wahrgenommen.

## 4 Frequenzen& Schallwellen

Die durch Geräusche ausgelösten Schallwellen beinhalten Frequenzen, die die Tonhöhe des Schalls bestimmen. Die verwendete Einheit, um Frequenzen anzugeben ist Hertz (Hz), wobei 1 Hz der Schwingung entspricht, die eine Schallwelle innerhalb einer Sekunde zurücklegt. Der Mensch kann 10-140 dB und Frequenzen von 0,125 kHz bis 12 kHz wahrnehmen[8]. Die

---

[8]Vgl. [1] http://www.dasgesundeohr.de/ohr/304_die_frequenzskala.shtml

Amplitude[9] definiert die Stärke der Schallwelle. Zusätzlich ist sie mit der Lautstärke insofern gekoppelt, dass sich die Lautstärke simultan mit der Amplitude erhöht. Musik setzt sich aus einer Mischung unterschiedlicher Frequenzen und Amplituden zusammen.

## 5   Negative Auswirkungen der Musik auf den Menschen

Die Elektrifizierung der Musik hatte jedoch nicht nur positive Folgen, sondern zog stattdessen auch negative Aspekte mit sich. Sie ermöglichte das lautere Abspielen von Musik und die elektronische Herstellung von Tönen und Bässen. Das Ignorieren der eigenen Gesundheit durch das Hören von zu lauter Musik wird aktuell immer mehr zum Jugendtrend. Discos, Bars und laute MP3-Player werden immer häufiger in den Alltag der Jugendlichen integriert. Wer aber in seiner Jugend auf längere Zeit zu laute Musik hört steht unter einem größeren Risiko, im Alter einen Hörschaden zu erleiden. Doch nicht nur der Jugendtrend zum lauten Musikhören trägt zu einem höheren Hörschadensrisiko bei. Auch mit der allgemeinen Entwicklung der Musikstücke steigt die Gefahr einer Hörbehinderung im Alter immer mehr. Um 1985 hatten die Musikstücke noch einen dB-Wert von etwa 90, heutzutage ist dieser Wert auf etwa 100 dB oder sogar mehr gestiegen. Auch diese Entwicklung lässt sich der Elektrifizierung zuschreiben.

Aber welchem Lärm ist der Mensch täglich ausgesetzt ? Ist die Musik nur noch ein weiterer Lärmfaktor zu den alltäglichen Lärmbelästigungen?

### 5.1   Welchem Lärm ist der Mensch ausgesetzt?

Alle Geräusche, deren Wert über 85 dB liegt, werden als Lärm bezeichnet. Wie schon erwähnt, liegt es im Trend, Musik über Kopfhörer abzuspielen. Die Vorteile hierbei liegen in der kompletten Ausblendung aller Umgebungsgeräusche. Aber dieses Ergebnis der Kopfhörer kommt nur dadurch zustande, dass sie die Musik mit hohem Dezibel-Wert direkt in das Ohr abspielen.[10] Dort sind sie meist direkt am Trommelfell platziert und können einen Wert von 120 dB erreichen. Bei so einem hohen Wert kann selbst eine kurzzeitige Beschallung Hörstörungen verursachen. Um zu zeigen, welchem Lärm der Mensch in Alltagssituationen

---

[9] Die Auslenkung einer physikalischen Größe aus ihrer Ruhelage (0-Punkt) bis zu einem positiven oder
   negativen Wert.
[10] Vgl. [4] http://www.sueddeutsche.de/leben/hoerschaden-durch-laute-musik-immer-am-anschlag-1.44318

ausgesetzt ist, habe ich ein Diagramm angefertigt, in welchem für Menschen mögliche Lärmquellen mit entsprechendem dB-Wert aufgetragen sind.

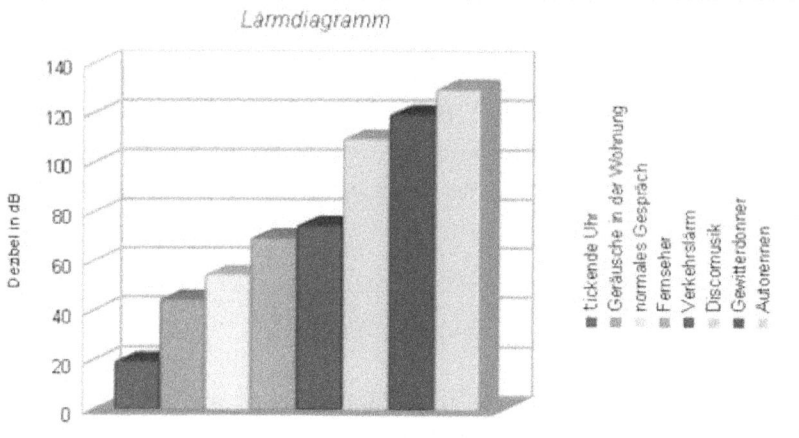

11

In dem Diagramm ist klar erkennbar, welchen Lärmquellen der Mensch ausgesetzt sein kann. Manchen Lärmquellen wie zum Beispiel der „tickenden Uhr" , dem „Fernseher", dem „normalen Gespräch" oder dem „Verkehrslärm" ist der Mensch täglich ausgesetzt. Lärm, der durch ein „Autorennen", „Discomusik" oder ein „Gewitterdonner" verursacht wird, kann in kurzer Zeit den selben Schaden auslösen, wie die Lautstärke der erstgenannten Lärmquellen es auf längere Zeit tut. Das Gehör muss bei jedem Geräusch arbeiten, da es nicht abgeschaltet werden kann. Lediglich Stille hilft geschädigten Haarzellen sich zu regenerieren.

## 5.2  Hörschaden

Die wohl am weitesten verbreitete negative Auswirkung der Musik ist der Hörschaden, an welchem aktuell circa 14 Millionen Deutsche leiden. Noch schlimmer wird die Situation wenn man sich vor Augen führt, dass jedes achte Kind zwischen acht und 14 Jahren bereits vom Hörschaden betroffen ist.[12] Man unterscheidet zwischen reversiblen und irreversiblen Hörstörungen: eine reversible Hörstörung wird nach einer Erholungszeit normalisiert, der

---

[11] Basierend auf [3] http://www.welt.de/print-welt/article334313/Vom-Ticken-der-Uhr-bis-zum-Presslufthammer.html

[12]Vgl. http://www.sueddeutsche.de/leben/hoerschaden-durch-laute-musik-immer-am-anschlag-1.44318

Urzustand des Gehörs lässt sich also wieder herstellen. Bei einer irreversiblen Hörstörung ist dies jedoch nicht der Fall. Eine solche Gehörerkrankung führt zur sogenannten Lärmschwerhörigkeit, die mit an der Spitze der Berufskrankheiten liegt, was den Lärm am Arbeitsplatz zu einem wichtigem sozialpolitischem Problem macht. Die Lärmbelästigung am Arbeitsplatz führt zu einer jährlich um etwa 10.000 Fälle steigenden Anzahl an Lärmschwerhörigkeit-Betroffenen. Dabei reichen die Folgen von beispielsweise Einschränkungen im Alltag für den Betroffenen selbst, bis hin zu Folgen für den Betrieb oder die Krankenkasse, denn die Kosten für Krankheitstage und Höruntersuchungen sind enorm hoch.

## 5.3 Prävention

Um sich vor Hörschädigungen im Alltag zu schützen existieren verschiedene Möglichkeiten. Zum Einen können Ohrschützer den dB-Wert um 25-30 dB abdämmen, was zum Beispiel das Risiko einer Hörschädigung in einer lauten Umgebung (Baustelle, Disko, u.Ä.) erheblich senken kann. Zum Anderen kann man bei einem Akustiker individuell angefertigte Filterpaare erwerben, die bestimmte Frequenzen aus einem Ton ausfiltern. Beispielsweise werden bei einem Motorradfahrer, Filterpaare angefertigt, die die dumpfen, tiefen Motorgeräusche ausfiltern. So kann man sich effektiv vor Gehörschädigungen schützen.

## 6 Schlussfolgerung

Alles in allem kann ich abschließend festhalten, Musik ist ein stark subjektiv geprägter Begriff und kann auf jeden Menschen eine andere Wirkung entfalten. Dabei reichen diese von positiven psychischen Auswirkungen, wie beispielsweise die Beeinflussung der Emotionen oder auch einfach eine Entspannungsfunktion, bis zu negativen physischen Auswirkungen, wie dem Hörschaden. Aus den verschiedenen Empfindungen, die Musik beim Menschen hervorrufen kann, resultiert ein gewaltiger Fassettenreichtum an Auswirkungen auf ihre psychische Kondition. Durch das von mir durchgeführte Interview, die Umfrage und das Experiment wurde mir vor Augen geführt, dass die von Musik ausgehenden Effekte auf das Individuum nicht unterschätzt werden sollten. Sie hat sich von einer einfach Alltagsbegleitung zu einem universell einsetzbarem Element entwickelt, dem durch die Elektrifizierung auch negative Seiten zugefallen sind. Für mich persönlich ist Musik schon immer ein wesentlicher Bestandteil meines Alltags gewesen. Auch ich ließ mich von ihr beeinflussen, jedoch ohne es wirklich zu realisieren. Mir wurde das vielseitige Wirkungsspektrum von Musik erst durch meine Facharbeit bewusst, denn durch diese habe ich gelernt, dass beispielsweise das meist unbewusste Ignorieren der eigenen Gesundheit im jugendlichen Alter enorme Schäden zur Folge kann, die in der Regel erst im Alter in Erscheinung treten können. Darüber hinaus bemerke ich nun auch in meinem Privatleben, wie und bis zu welchem Grad Musik die menschliche Psyche beeinflussen oder sogar kontrollieren kann, sei es in der Disko oder einfach im Alltag über Kopfhörer. Die Facharbeit hat mir die Musik als faszinierendes und interessantes Mysterium offenbart, mit dem ich mich auf jeden Fall noch weiter beschäftigen werde. Gerade weil Musik für so viele Menschen ein wesentlicher Teil des Lebens ist, denke ich viele Beobachtungen in meinem alltäglichen Tagesablauf machen zu können, die mir wieder etwas mehr über die Einflüsse der Musik auf den Menschen zeigen können. Letztendlich nehme ich die Musik nicht mehr einfach nur als simples Unterhaltungsmedium wahr, sondern als ein effektives Werkzeug, eine Kraft, die den Menschen in seinem innersten berührt, teilweise sogar als einen komplexen, technischen Organismus, der in jedem Menschen pulsiert und ihn je nach Situation in unterschiedliche Richtungen lenken kann. Trotzdem haben sich meine Ansichten nach der Facharbeit verändert, denn Musik ist nicht nur positiv. Doch durch präventives Handeln, lassen sich die negativen Wirkungen für mich und mein Umfeld eindämmen. Musik ist ein wichtiger Teil meines Lebens und wird es wohl auch in Zukunft bleiben.

# 7 Quellenangaben - Literatur und Medienverzeichnis

**Internetquellen:**

[1] Dr. med. Wilden, Lutz: Das Gesunde Ohr [online]. Bad Füssing 2004, http://www.dasgesundeohr.de/ohr/304_die_frequenzskala.shtml .28.10.2012

[2] Gilli, Johannes: Musik- Wirkung auf den Menschen [online]. Juni 2005, (update: 22.08.2011) ( Inhalt wird nicht aktualisiert) http://www.feelit.ag.vu/Seite_4_musik_-koerper.html .16.09.2012

[3] Unbekannter Autor der „Die Welt": Vom Ticken der Uhr bis zum Presslufthammer [online]. 4.08.2004, http://www.welt.de/print-welt/article334313/Vom-Ticken-der-Uhr-bis-zum-Presslufthammer.html .16.09.2012

[4] Unbekannter Autor der „Süddeutsche": Immer am Anschlag [online].21.10.2009 14:43 http://www.sueddeutsche.de/leben/hoerschaden-durch-laute-musik-immer-am-anschlag-1.44318. 16.09.2012

**Bildquellen:**

[5] Hören heute [online] http://www.nhs-rp.de/Anatomie.jpg .25.10.2012,bearbeitet

# 8 Anhang

Abb.1.0 (*River flows in you*)

Abb.1.1 (*Summer of Love*)

Abb.1.2 (*Summer of Love*)

Abb.1.3 (*Papa Pinguin*)

16

Huzeyfe Tok

# Der Einsatz von Medien in der Schule. Tablets im Geschichtsunterricht

GRIN Verlag

**Bibliografische Information der Deutschen Nationalbibliothek:**

Die Deutsche Bibliothek verzeichnet diese Publikation in der Deutschen National-
bibliografie; detaillierte bibliografische Daten sind im Internet über http://dnb.d-
nb.de/ abrufbar.

**Impressum:**

Copyright © 2014 GRIN Verlag GmbH
Druck und Bindung: Books on Demand GmbH, Norderstedt Germany
ISBN: 978-3-656-95441-5

**Dieses Buch bei GRIN:**

http://www.grin.com/de/e-book/298986/der-einsatz-von-medien-in-der-schule-
tablets-im-geschichtsunterricht

RWTH Aachen

Philosophische Fakultät:

Institut für Erziehungswissenschaft

Lehrstuhl/Lehr- und Forschungsgebiet Allgemeine Didaktik mit dem Schwerpunkt Technik-
und Medienbildung

Wintersemester 2014/15

HAUSARBEIT zum Seminar „Zwischen Medienbildung und Mediendidaktik: Konzepte für
den Einsatz digitaler Medien in der Schule (WS 2011/2012)"

# Digitales Zeitalter – Tableteinsatz im Unterricht

Name, Vorname: Tok, Huzeyfe

Studiengang: LA Französisch / Geschichte

Studiensemester: 12

Abgabetermin: 22.12.14

# Inhaltsverzeichnis

# 1. Einleitung

„Schalte dich mal eben auf die Tafel und zeige deinen Lösungsweg" dürfte in absehbarer Zeit in vielen Klassenräumen zu hören sein. Bedingt durch die ständige alltägliche Konfrontation mit Computern und Internet müssten Schülerinnen und Schüler auf eine Zukunft vorbereitet werden, in der neue Medien unser Leben bestimmen werden. „Es kann nicht sein, dass es eine Mauer gibt zwischen einem Alltag, in dem die Schüler von Medien umgeben sind, und Schulen, in denen noch gelernt wird wie vor 20 Jahren."[1] Die Welt hat sich durch die Verbreitung von Computern und der weltweiten Vernetzung durch das World Wide Web massiv „digitalisiert". Für diese durch die neuen Medien digitalisierte Welt im 21. Jahrhundert werden auch entsprechend neue Kompetenzen gebraucht, die der Harvard-Professor Tony Wagner als „21st Century Skills" bezeichnet.[2] Laut Wagner zählen dazu kritisches Denken und Problemlösungsfähigkeiten, kollaboratives Arbeiten, Anpassungs-fähigkeit, Initiative und Unternehmertum, Kommunikationskompetenz, Informations-kompetenz sowie Neugier und Vorstellungskraft.[3] All diese Kompetenzen werden durch projektorientiertes Lernen an Schulen gefördert und dafür sei der Einsatz von Tablets interessant.[4] Laut Thissen seien die Tablets aber nicht die „Lösung eines Problems" sondern nur ein „Werkzeug". Die Frage inwieweit und in welchem Maße Lehrende digitale Medien wie Tablets und Internet didaktisch sinnvoll als Werkzeug und Medium in den Unterricht integrieren können, steht im Raum. Anhand der Forschungsergebnisse lässt sich sagen, dass das unabhängige, selbstgesteuerte Lernen durch den Einsatz von Tablets unterstützt wird und die Motivation gesteigert wird.[5] Außerdem soll, laut einer Studie von Kevin Burton aus England, durch das Lernen mit Tablets die Zusammenarbeit, die Eigenverantwortung und die Kritikfähigkeit bei Schülern verbessert worden sein.[6] Der Lehrer könne mithilfe der Geräte besser als Lern-Manager agieren statt als Inputgeber[7], eine Meinung, die gleichermaßen von Aufenanger geteilt wird: „Weg vom lehrerzentrierten Lernen und reiner Wissensvermittlung zum schülerzentrierten und problemorientierten Lernen, in dem der Lehrer als Kurator

---

[1] Zitat eines Geschichtslehrers aus: http://www.zeit.de/2013/30/digitaler-unterricht-tablet-pcs
[2] https://www.youtube.com/watch?v=NS2PqTTxFFc&feature=youtu.be
[3] Vgl.: ebd., sowie vgl.: Reinhold, Chr.: Tablets im Unterricht – eine Antwort auf pädagogische Fragen oder nur ein Lernwerkzeug? auf: http://www.lmz-bw.de/medienbildung/aktuelles/mediaculture-blog/blogeinzelansicht/2014/tablets-im-unterricht-eine-antwort-auf-paedagogische-fragen-oder-nur-ein-lernwerkzeug.html
[4] Vgl.: ebd.
[5] Vgl.: ebd.
[6] Vgl.: ebd.
[7] Vgl.: ebd.

agiert."[8] Wie genau dieses schülerzentrierte und problemorientierte Lernen umgesetzt werden kann, wird in dieser Arbeit anhand von Tableteinsatz im Geschichtsunterricht vorgestellt und die Bedeutung der neuen digitalen Medien für den schulischen Kontext herausgearbeitet.[9] Dabei wird zunächst ein theoretischer Überblick gegeben, in dem die für den Gesamtkontext und das Gesamtverständnis wichtigen Begrifflichkeiten näher erläutert werden. Anschließend wird die „mediale Entwicklung" in Deutschland anhand einiger Studien vorgestellt, um die Präsenz und die Wichtigkeit des digitalen Mediums allgemein in der Gesellschaft aufzuzeigen. Nach dem Vorstellen der curricularen Verankerungen wird eine beispielhafte Unterrichtseinheit präsentiert, in der das Tablet zum Einsatz kommt. Schließlich wird die Arbeit mit einem abschließenden Kapitel abgerundet.

## 2. Medien

Da der Einsatz digitaler Medien im Unterricht Gegenstand dieser Arbeit ist und das Tablet als „Medium" hierbei eine zentrale Rolle einnimmt, ist es zunächst von Nöten, den Begriff „Medium" zu definieren, zu erläutern welche Medien es gibt und worin sich diese unterscheiden, damit die Thematik kontextualisiert werden kann. Zum Teil wird der Medienbegriff unklar verwendet, daher macht es Sinn, die Bedeutung des Wortes zunächst in sprachlicher Hinsicht zu erläutern. Aus etymologischer Sicht ist das Wort „Medium" auf das lateinische Substantiv *medium* zurückzuführen, welches „Mitte" oder „Mittelpunkt einer Sache" u.a. bedeutet.[10] Abgeleitet aus dem Lateinischen kann das Wort als „Mittler" übersetzt werden. [11] Im Deutschen Universalwörterbuch [12] wird der Begriff Medium wie folgt beschrieben:

- *Vermittelndes Element, um Gedanken auszudrücken, z.B. die Sprache oder die Musik,*
- *Einrichtung bzw. organisatorischer und technischer Apparat für die Vermittlung von Meinungen, Informationen und Kulturgütern, z.B. Film, Funk, Fernsehen und Presse,*
- *Unterrichtshilfsmittel, das der Vermittlung von Information und Bildung dient, z.B. Buch oder Tonband.*

---

[8] Aufenanger, S.: Fachvortrag am Aachener Didaktiktag am 28. Nov. 2014. Digitale Medien in Schule und Unterricht.
[9] Im Fokus werden hauptsächlich digitale softwarebasierte Medien stehen. Ausdrücke aus dem Bereich der Technologie wie Tablet, Multitasking, Software, App u.a. werden nicht näher erläutert oder definiert, da dies sonst den Rahmen dieser Arbeit sprengen würde.
[10] Langenscheidts Großes Schulwörterbuch. Lateinisch-Deutsch. Auflage 7.6.5. Berlin 1977.
[11] Vgl. Ebner, M./Nagler, W./Schön, S.: Einführung. Das Themenfeld Lernen und Lehren mit Technologien. 2011. S.3. Online: http://l3t.tugraz.at/index.php/LehrbuchEbner10/article/view/88/70/
[12] Duden: Deutsches Universalwörterbuch, neu bearb. Und erw. Auflage. Bearb. Von Günther Drosdowski und der Dudenredaktion. Mannheim u.a. 1996.

Erfahrungsgemäß können Medien in folgende Bereiche kategorisiert werden: klassische Medien, die für ihre Verwendung keine Stromversorgung brauchen (Buch, Tafel, Bild), neue Medien, die mit Strom betrieben werden (VHS-Player, OHP, CD-Player) und digitale oder neueste Medien wie Computer, Tablet-PCs, Smartboards, Smartphones, die zwar auch mit Strom oder Akku betrieben werden, jedoch durch ihre Softwareeigenschaft weiterentwickelt sind und auf das Internet zugreifen können und somit dem neuesten technologischen Stand entsprechen. Das Internet als eigenständiges Medium ist für die genannten modernen softwarebasierten Medien äußerst wichtig, um die Möglichkeiten der entsprechenden Medien ausschöpfen zu können. Innerhalb weniger Jahre ist das Internet bei Jugendlichen zum Leitmedium aufgestiegen, womit eine globale Kommunikation und Kooperation ermöglicht wird. Täglich werden mehrere Stunden im Internet verbracht, sei es am Laptop, Tablet oder Smartphone. Die zuletzt genannte Kategorie wird in diesem Kapitel bewusst als „neueste Medien" charakterisiert, um den aktuellsten Stand der technologischen Entwicklung zu unterstreichen.[13]

## 3. Die Notwendigkeit einer Mediensozialisation und Medienerziehung

Da die selbst gesteuerte und selbst organisierte Mediensozialisation der Jugendlichen häufig problematisch verläuft, ist eine Medienerziehung seitens der Schule notwendig, um eine an pädagogischen Zielen orientierte und geplante Mediensozialisation bei den Schülern erzielen zu können.[14] Um diese Notwendigkeit zu verstehen, müssen die beiden Themengebiete des Komplexes Medienwissenschaft näher erläutert werden, um diese auch differenzieren zu können. Denn, Mediensozialisation meint gewiss mehr als nur Sozialisation durch Medien. Was ist nun unter Mediensozialisation zu verstehen und was bezweckt Medienerziehung? „Die Gesamtheit aller sozial vermittelten Lernprozesse, in denen Individuen in ihrer jeweiligen historisch bestimmten, gesellschaftlichen und kulturellen Lage sozial handlungsfähig werden", wird durch den Begriff Sozialisation ausgedrückt.[15] Aufgrund der medialen Signierung der heutigen gesellschaftlichen Kommunikation werden die Medien neben den Sozialisationsinstanzen Eltern, Schule und Gleichaltrigengruppe oft als weitere Sozialisationsinstanz bezeichnet, da die Sozialisation zunehmend durch die Wirkung von Medien beeinflusst wird.[16] Dies hat zu bedeuten, dass Medien als Faktoren und Mittler der

---

[13] Im Folgenden als „neue Medien", „digitale Medien" oder „softwarebasierte Medien".
[14] Vgl.: Spanhel, D.: Mediensozialisation in der Schule. In: Vollbrecht, R./Wegener, C. (Hrsg.): Handbuch Mediensozialisation. Wiesbaden 2010. S. 208.
[15] Vgl.: Vollbrecht, R./Wegener, C. (Hrsg.): Handbuch Mediensozialisation. Wiesbaden 2010. S. 9.
[16] Vgl.: ebd., S. 9.

Sozialisation sowie als Instrumente im Prozess der Sozialisation dienen. Durch den Begriff der Mediensozialisation wird aktiv handelnden Individuen unterstellt, sich selbst durch die Mediennutzung zu sozialisieren. Soziale Welten werden durch Medien konstruiert, die das Verhalten von Kindern und Jugendlichen prägen und aufgrund ihrer funktionellen Vielfalt zu ständigen Begleitern werden. Die aus dem Aufwachsen in Medienwelten und aus der Aneignung von Medien im lebensweltlichen Kontext resultierenden Folgen für den schulischen Kontext sind ein Teil des medialen Sozialisationsprozesses.[17]

Der Begriff der Mediensozialisation ist also ein umfassenderer Begriff als „Medienerziehung", weil er sowohl zentrale Merkmale der Sozialisation als auch der Medien wie Erziehung, Wirkung, Beeinflussung, Identifikation, Konsum und Statussymbol umfasst. Die Heranwachsenden werden mehr oder weniger durch ihre Folgen stark in ihrem individuellen Sozialisationsprozess in Relation zu Familie und Schule geprägt. Kinder und Jugendliche gehen mit den Medien meist unbefangen um, ohne zu hinterfragen und meist mit der Fähigkeit der schnellen Aneignung von Kompetenzen der überwiegend technischen Nutzung. Da die Schule als pädagogische Institution zunehmend mit den geschilderten Gegebenheiten konfrontiert wird, sollte sie sich der Herausforderung stellen, Medienerziehung als methodisch geplante Mediensozialisation mit dem Ziel der Medienbildung sich zur Aufgabe zu machen. Ein medienerzieherisches Handeln scheint also erforderlich zu sein. Medienerziehung stellt ein Teil der Medienpädagogik dar und richtet sich auf die aus dem Verhältnis von Heranwachsenden und Medien resultierenden Erziehungs- und Bildungsaufgaben und deren Praxis. Sie umfasst:

- *die wissenschaftliche Reflexion erziehungs- und bildungsrelevanter Ziele im Kontext der Mediennutzung von Kindern und Jugendlichen sowie die Reflexion von Mitteln und Wegen zu deren Realisierung (Medienerziehung als Wissenschaftsgebiet)*
- *als auch konkrete medienerzieherische Aktivitäten (Medienerziehung als Praxisfeld.[18]*

„In Abgrenzung zur mediendidaktischen Fragestellung, wie Medien in Lehr- und Lernprozessen angemessen, effektiv und effizient eingesetzt werden können, fokussiert Medienerziehung Medien und Mediennutzung als Inhalt und Gegenstand von Lernprozessen in institutionellen Kontexten."[19] Medienerziehung meint also die praktische pädagogische

---

[17] Vgl.: ebd., S. 9.
[18] Iske, S.: Medienerziehung. In: Sandfuchs, U./Melzer, W./Dühlmeier, B./Rausch, A. (Hrsg.): Handbuch Erziehung. Bad Heilbrunn 2012. S. 682.
[19] ebd., S. 682.

6

Arbeit im Bereich der Medien. Medienerzieherische Ziele sind einerseits durch übergreifende pädagogische Zielvorstellungen wie Autonomie und Mündigkeit bestimmt, andererseits orientieren sie sich an Zielen, die sich aus dem besonderen Bezug zum Medienkontext ergeben und z.b. im Zusammenhang mit einer sachgerechten, selbstbestimmten, reflektierten und sozial verantwortlichen Mediennutzung und Mediengestaltung stehen.[20] Die auf dem Konzept der kommunikativen Kompetenz basierende Medienkompetenz von Dieter Baacke nimmt eine bedeutende Rolle in der Medienerziehung als Teilgebiet der Medienpädagogik ein. Sie meint eine allgemeine, sich prinzipiell auf alle Medien beziehende Fähigkeit, sich „in einer durch Medien geprägten Welt […] zurechtzufinden und zu handeln."[21] Das Konzept der Medienkompetenz unterteilt Baacke in vier Bereiche: *Medienkrit* als analytische, reflexive und ethische Dimension, *Medienkunde* als informative und instrumentell-qualifikatorische Dimension, *Mediennutzung* als rezeptiv-anwendbare und interaktiv-anbietende Dimension und schließlich *Mediengestaltung* als innovative und kreative Dimension.[22] Nach Baacke richten sich Medienkritik und Medienkunde auf die Dimension der Vermittlung und Mediennutzung und Mediengestaltung beziehen sich auf die Dimension Zielorientierung. Gerhard Tulodziecki führt fünf Aufgabenbereiche für den Bereich der Medienerziehung in der Schule auf, die als spezifische Weiterentwicklung des Medienkompetenz-Modells von Baacke betrachtet werden: Auswählen und Nutzen von Medienangeboten, eigenes gestalten und Verbreiten von Medienbeiträgen, Verstehen und Bewerten von Mediengestaltungen, Erkennen und Aufarbeiten von Medieneinflüssen, Durchschauen und Beurteilen von Bedingungen der Medienproduktion und Medienverbreitung.[23]

Um eine adäquate, kontrollierte und erfolgreiche Mediensozialisation zu ermöglichen, scheint eine Medienerziehung, die einen besonderen Wert auf die Vermittlung von Medienkompetenz legt, äußerst wichtig zu sein, da die Medien, vor allem digitale Medien und ihre Nutzung, wie im anschließenden Kapitel näher erläutert wird, weit verbreitet sind und für den Alltag der Menschen maßgeblich geworden sind.

---

[20] Vgl.: Tulodziecki, G.: Medien in Erziehung und Unterricht. Bad Heilbrunn 1997. S. 110.
[21] Baumann, T.: Medienpädagogik, Internet und eLearning. 2005 Zürich. S. 88. zit. n. Baacke, D.: Medienkompetenz - Begrifflichkeit und sozialer Wandel. In: von Rein, A. (Hrsg.).: Medienkompetenz als Schlüsselbegriff . Heilbronn 1996. S. 112ff.
[22] Vgl.: ebd., S. 120.
[23] Vgl.: Tulodziecki, G.: Medien in Erziehung und Unterricht. Bad Heilbrunn 1997. S. 110

## 4. Aktueller Stand

Schon 1996 schreibt Baacke, welche Medienkompetenz zum Handeln in einer noch stärker durch Medien geprägten Welt etwa in der Mitte des nächsten Jahrhunderts gefragt sei.[24] Aus heutiger Sicht kann festgestellt werden, wie beispielsweise die omnipräsenten Medien Smartphones und Internet unsere Identität und Realität verändern und diese gleichzeitig neu rekonstruieren, denn ohne diese Medien wäre ein Zugriff auf viele alltägliche Dinge nicht möglich, sei es stundenlanges Skypen mit der besten Freundin oder das Vorbereiten und Abschicken eines Referats während einer Zugfahrt. 1996 sah die mediale Realität noch anders aus. Die Wenigsten waren im Besitz eines Handys, geschweige denn von internetfähigen Smartphones, die zu der Zeit noch nicht in heutiger Form existierten. Hauptsächlich hatte man durch den hauseigenen Computer, sobald man einen besaß, Zugriff auf das World Wide Web. Heute sieht die mediale Realität aufgrund der technologischen Entwicklungen ab den 2000er Jahren deutlich anders aus. Jegliche Multimediageräte wie Smartphones und Tablets sind in das alltägliche Leben der Menschen eingedrungen und Dank des gut ausgebauten Netzes finden diese fast überall Zugang zum Internet. Ein Leben ohne Medien, insbesondere digitale Medien, ist für die meisten von uns heute nicht mehr vorstellbar. Um zurückzukommen auf die Frage Baackes bleiben bis zur Mitte des Jahrhunderts noch 35 Jahre, und Baackes Frage nach der Medienkompetenz in der Mitte des 21. Jahrhunderts ist schon jetzt mehr als berechtigt. Die mediale „Wahnsinnsentwicklung" der letzten 17 Jahre wird im Folgenden anhand von ARD-ZDF-Onlinestudien vorgestellt.

An der folgenden Tabelle kann man die Entwicklung der Onlinenutzung der Personen ab 14 Jahren in Deutschland von 1997 bis 2014 ablesen:

| | zumindest gelegentlich genutzt | | | | | | | | | | täglich genutzt | |
|---|------|------|------|------|------|------|------|------|------|------|------|------|
| | 1997 | 2000 | 2003 | 2006 | 2009 | 2010 | 2011 | 2012 | 2013 | 2014 | 2013 | 2014 |
| in % | 6,5 | 28,6 | 53,5 | 59,5 | 67,1 | 69,4 | 73,3 | 75,9 | 77,2 | 79,1 | 57,0 | 58,3 |
| in Mio | 4,1 | 18,3 | 34,4 | 38,6 | 43,5 | 49 | 51,7 | 53,4 | 54,2 | 55,6 | 40,0 | 41,0 |
| Zuwachs gegenüber dem Vorjahr in % | - | 64 | 22 | 3 | 2 | 13* | 6 | 4 | 2 | 2 | - | 3 |

Basis: bis 2009: Deutsche ab 14 Jahren in Deutschland (2009: n=1 806, 2006: n=1 820, 2003: n=1 955, 2000: n=3 514, 1997: n=15 431). Ab 2010: Deutsch sprechende Bevölkerung ab 14 Jahren (2014: n=1 814; 2013: n= 1 800, 2012: n=1 800, 2011: n=1 800, 2010: n=1 804).
* Wechsel der Grundgesamtheit (Zuwachs bei "Deutschen ab 14 Jahren": 1 %).

Quelle: ARD-Onlinestudie 1997, ARD/ZDF-Onlinestudien 1998-2014.

Abb. 1

http://www.ard-zdf-onlinestudie.de/index.php?id=501

---

[24] Vgl.: Baacke, D.: Medienkompetenz - Begrifflichkeit und sozialer Wandel. In: von Rein, A. (Hrsg.).: Medienkompetenz als Schlüsselbegriff . Heilbronn 1996. S. 112ff.

Bemerkenswert sind die rasanten Anstiege zwischen den Jahren 1997-2000 und 2000-2003, die verdeutlichen, dass eine neue Epoche angebrochen ist, das digitale Zeitalter. Ab 2003 stieg die Zahl der Internetnutzer kontinuierlich weiter an, bis sie im Jahre 2014 die Rekordhöhe von ca. 55 Mio. Nutzern erreicht hat. Der Computer und das Internet werden zu zentralen Werkzeugen des 21. Jahrhunderts, die beruflich, geschäftlich und privat genutzt werden und ohne es nicht mehr geht.

Folgende Tabelle zeigt den genutzten Internetzugang nach Geschlecht und Alter in Prozent. Maßgeblich ist hierbei das Jahr 2014:

| | Gesamt | Frauen | Männer | 14-29 J. | 30-49 J. | 50-69 J. | ab 70 J. |
|---|---|---|---|---|---|---|---|
| Computer bzw. PC/Laptop (netto) | 95 | 93 | 96 | 95 | 95 | 94 | 94 |
| Computer bzw. PC | 59 | 51 | 66 | 60 | 55 | 63 | 61 |
| über einen Laptop | 69 | 72 | 67 | 74 | 72 | 65 | 58 |
| Smartphone | 57 | 55 | 59 | 81 | 64 | 36 | 12 |
| "normales" Handy | 5 | 7 | 4 | 5 | 5 | 7 | 5 |
| Spielekonsole | 13 | 8 | 18 | 27 | 12 | 4 | 4 |
| MP3-Player | 6 | 5 | 6 | 9 | 5 | 4 | 3 |
| Fernseher | 18 | 15 | 20 | 22 | 16 | 16 | 16 |
| Tablet PC | 28 | 29 | 28 | 29 | 37 | 20 | 13 |
| E-Book-Reader | 6 | 6 | 6 | 5 | 8 | 5 | 7 |
| Ø Anzahl genutzter Geräte | 2,8 | 2,7 | 3,0 | 3,5 | 2,9 | 2,3 | 1,9 |

Basis: Deutsch sprechende Onlinenutzer ab 14 Jahren (n=1 434).
Quelle: ARD/ZDF-Onlinestudie 2014.

Abb. 2

http://www.ard-zdf-onlinestudie.de/index.php?id=500

Der Computer und der Laptop scheinen die am weitesten verbreiteten Medien zu sein, wodurch die Nutzer Zugang zum Internet haben. Bei den 14-29 Jährigen erreicht das Smartphone im Vergleich zu anderen Altersgruppen einen recht hohen prozentualen Anteil von ca. 80 % und die Anzahl genutzter Geräte insgesamt hat einen durchschnittlichen Wert von mindestens drei. Der Internetzugang durch das Tablet liegt bei den 14-29 Jährigen bei 29% im Vergleich zu den 30-49 Jährigen, von denen 37 % das Tablet für den Internetzugang benutzen. Allgemein lässt sich aus den Angaben erschließen, dass Jugendliche eher zur Benutzung des Smartphones neigen, da es einerseits kompakter ist und in jede Tasche passt, andererseits durch den 3G-Slot bei allen Smartphones im Gegensatz zu Tablets die Möglichkeit zur Nutzung des mobilen Internets und damit der Zugang zu diversen Kommunikationsangeboten wie WhatsApp oder Skype besteht, die neben der reinen Kommunikation auch die Möglichkeit zum Austausch von Audiodateien, Bilddateien oder audiovisuellen Dateien bieten, wodurch das Ganze attraktiver für die Jugendlichen wird.

## 5. Medien im Geschichtsunterricht

Im nordrheinwestfälischen Kernlehrplan für das Fach Geschichte an Gymnasien (G8) ist unter den Kompetenzerwartungen und zentralen Inhalten zu lesen, dass die Schülerinnen und Schüler am Ende der Doppeljahrgangsstufe 5/6 Sachkompetenzen aufweisen sollen, indem sie u. a. die Formen der Überlieferung durch Überreste, mündliche und schriftliche Tradierung sowie moderne technische Medien kennzeichnen. Unter dem Punkt Methodenkompetenz ist weiterhin festgehalten, dass sie selbstständig Informationen aus schulischen wie außerschulischen Medien beschaffen, in Bibliotheken und im Internet recherchieren. Ferner ist in den Kompetenzerwartungen und inhaltlichen Schwerpunkten bis zum Ende der Einführungsphase formuliert, dass die Schülerinnen und Schüler fachgerecht innerhalb und außerhalb der Schule in relevanten Medien recherchieren und zielgerichtet Informationen zu einfachen Problemstellungen beschaffen.

Durch diese Formulierungen in den Lehrplänen[25] ist der Einsatz der neuen Medien in der Schule noch deutlicher als bisher ausgewiesen. Dies soll dazu verhelfen, den Unterricht qualitativer zu gestalten, selbstgesteuertes und an den Schlüsselqualifikationen orientiertes Lernen zu ermöglichen und allen Schülerinnen und Schülern eine fundierte Medienkompetenz zu vermitteln. Die neuen Medien sollen noch weitgehender als bisher in die Didaktik der Unterrichtsfächer und in die methodische und organisatorische Gestaltung des Unterrichts eingebettet werden. Heute sind die Medien längst zu einem festen Arbeits- und Kommunikationsinstrument in der Geschichtswissenschaft geworden. Der Geschichtsunterricht muss sich dieser Tatsache stellen.

---

[25] auch in Lehrplänen anderer Fächer

## 6. Einsatz von Tablets im Geschichtsunterricht

Klassische Medien wie Tafel, die den Unterricht bestimmten, scheinen der Vergangenheit anzugehören. Es ist eine Frage der Zeit, wann alle Klassenräume mit Smartboards und Tablets ausgestattet werden. Sicherlich wird es noch Zeit in Anspruch nehmen, bis alle Schulen und Klassenräume „digitalisiert" werden, der Trend ist jedoch eindeutig. Tablets sind in Schulen zunehmend weit verbreitet und werden vielfältig eingesetzt. Durch den Einsatz von Tablets werden Lernmöglichkeiten erweitert und das digitale Arbeiten und Lernen vereinfacht.[26] Der Einsatz von Tablets im Unterricht bewirkt auch eine Veränderung der Lehr- und Lernkultur. Im Mittelpunkt steht nicht mehr der Lehrer als einziger Wissensvermittler, sondern, er übernimmt die Rolle eines Kurators, der Anweisungen gibt, und ebnet den Weg vom lehrerzentrierten Lernen zum schülerzentrierten Lernen, von reiner Wissensvermittlung zum projektorientierten Lernen und vom individuellen Lernen zum kollaborativen Lernen.[27] Auf die Frage, warum Tablets in den Unterricht integriert werden sollen, könnte die Gegenfrage gestellt werden, warum von den technischen Entwicklungen des 21. Jahrhunderts nicht profitiert werden soll, um den Unterricht im positiven Sinne zu revolutionieren? Ein wesentlicher Punkt dürfte in diesem Kontext nicht unberücksichtigt bleiben. Die alleinige Integration der Tablets in den Unterricht reicht nicht aus, um eine sinnvolle und adäquate Verwendung erzielen zu können. Die eventuell fehlende Medienkompetenz der Lehrpersonen oder der Lernenden könnte in diesem Kontext ein Defizit darstellen. Daher müssten Lehrpersonen in dieser Hinsicht unterrichtet werden.[28] Eine Vorbereitung des Lehrpersonals auf den Tableteinsatz ist somit unumgänglich, damit u. a. auch die pädagogischen Potentiale der Tablets besser ausgenutzt werden können. Dadurch wird deutlich, dass die Medienerziehung trotz des Drucks der technologischen Entwicklungen der letzten zehn Jahre noch keinen festen Platz in den Schulen gefunden hat. Systematische Ansätze zur schulischen Medienerziehung aus medienpädagogischer Sicht wurden zwar erprobt, aber nicht flächendeckend umgesetzt. Im internationalen Vergleich laufen an deutschen Schulen eher kleine Projekte mit maximal 30 Tablets, wobei sie international flächendeckend zum Einsatz kommen und die Schulen für dieses Medium ausreichende Ausstattung und Vorbereitung der Lehrpersonen bieten.[29]

Selbstverständlich soll das Tablet nicht zum alles beherrschenden unterrichtlichen Instrument werden, sondern zu einem selbstverständlichen medialen Werkzeug im Unterricht des 21.

---

[26] Vgl.: Stefan Aufenanger – Vortrag: Digitale Medien in Schule und Unterricht_1114_2.key - 27. November 2014. Online: http://www.aufenanger.de/ (unter der Rubrik Vorträge).
[27] Vgl.: ebd.
[28] Vgl.: ebd.
[29] Vgl.: ebd.

Jahrhunderts, welches fachbezogen sinnvoll und nutzbringend eingesetzt werden kann, da nichts als Medium den Computer im Allgemeinen übertrifft.[30] Heutzutage bietet das Tablet als weiterentwickelter praktikabler tragbarer Computer geradezu phantastische Einsatzmöglichkeiten und übt fast einen magischen Reiz aus. Es fasziniert durch seine Schnelligkeit[31] und Dienstbarkeit auf einen „Touch" und erzeugt Motivation.

Wie kann nun die Arbeit mit Tablets in den Geschichtsunterricht integriert werden und welche Voraussetzungen müssen erfüllt sein, um einen reibungslosen Ablauf zu ermöglichen, sodass auch die Unterrichtsziele erreicht werden? Auf diese Fragen wird im Folgenden eingegangen und ein mögliches Konzept vorgestellt, das dem Unterricht des digitalen Zeitalters gerecht werden soll. In der nachstehenden Unterrichtsskizze, die ich beispielhaft vorstellen möchte, findet der Einsatz von Tablets in einer 7. Klasse eines Gymnasiums statt. Eine kabellose Internetverbindung mit ausreichender Signalstärke sowie Tablets für alle Schülerinnen und Schüler der Klasse gehören zur Grundvoraussetzung, um das Konzept umzusetzen. Als Tabletmodell wird dabei das 10 Zoll Tablet von Samsung, das Samsung Galaxy Tab 4 ausgewählt. Das unter den Kindern und Jugendlichen beliebtere Android-System, die mittlere Preisklasse, das 487 Gramm schwere Gewicht, die gute Displayauflösung mit immerhin 149 ppi, der Quadcoreprozessor, der mit 4 mal 1,2 GHz taktet, der ausreichende Arbeitsspeicher von 1,5 RAM und der interne Speicher von 16GB, der durch eine microSD Karte erweitert werden kann sind die technischen Haupteigenschaften, die ein gutes Preis-Leistungs-Verhältnis bieten, weshalb dieses Tablet zum Einsatz kommt.[32] Eine entscheidende Rolle wird dabei die Webseite LearningApps.org spielen. Die Seite LearningApps.org bietet die Möglichkeit, Anwendungen selbst mit Inhalten zu füllen und so an den eigenen Unterricht anzupassen. LearningApps ist ein gemeinsames Projekt in der Beta-Phase der Hochschule Bern, Mainz und Zittau/Görlitz. Auf der Homepage learningapps.org wird die Seite bzw. das Projekt wie folgt beschrieben:

> *„LearningApps.org ist eine Web 2.0-Anwendung zur Unterstützung von Lern- und Lehrprozessen mit kleinen interaktiven Bausteinen. Bestehende Bausteine können direkt in Lerninhalte eingebunden, aber auch von den Nutzenden selbst online erstellt oder verändert*

---

[30] Rave, J.: Computereinsatz. In: Pandel, H.-J./ Schneider, G. (Hrsg.): Handbuch Medien im Geschichtsunterricht. Schwalbach 2010. S. 623.
[31] Heute zählen Tablets mit Quadcoreprozessoren und mindestens 2 GB RAM zum Standart und ermöglichen flotte und reibungslose Benutzung. In absehbarer Zeit werden sie von Tablets mit Octacoreprozessoren und höherem RAM ersetzt.
[32] In den USA gibt es auf dem Markt bereits das 10-Zoll-Modell Samsung Galaxy Tab 4 „Education". Bei diesem Modell handelt es sich im Vergleich zum Standartmodell um ein speziell für Schulen entwickeltes Tablet. Es besitzt eine gesonderte Webanwendung zur Verwaltung der Geräte (Google Play for Education) und eine Software (Samsung School), die der Lehrperson verschiedene Tools für interaktiven Unterricht anbietet. Mehr dazu, siehe: http://www.samsung.com/us/business/mobility/tablets/SM-T530NYKNXAR

*werden. Ziel ist es, wiederverwendbare Bausteine zu sammeln und öffentlich zur Verfügung zu stellen. Bausteine (Apps genannt) enthalten aus diesem Grund keinen speziellen Rahmen oder ein konkretes Lernszenario, sondern beschränken sich ausschliesslich auf den interaktiven Teil. Die Bausteine für sich stellen also keine abgeschlossene Lerneinheit dar, sondern müssen in ein entsprechendes Unterrichtsszenario eingebettet werden."[33]*

Das Angebot der vielfältig einsetzbaren Apps ist fächerübergreifend. Für jedes Fach, gibt es entsprechendes App-Angebot. Zu den angebotenen Aufgabentypen gehören vor allem Zuordnungsaufgaben, teilweise spielerischer Art. Alle Apps enthalten eine Rückmelde-funktion, ob die Ergebnisse richtig sind oder nicht.

Eine für das Fach Geschichte relevante App ist beispielsweise „Was war wann?" In dieser App müssen die verschiedenen Begriffe, Namen, Jahreszahlen der richtigen Epoche zugeordnet werden. Dafür muss zuerst eine der fünf Epochen angeklickt werden, danach das Puzzleteil, von dem gemeint wird, dass es zu der angeklickten Epoche gehört. Das Ganze kann man sich wie folgt vorstellen:

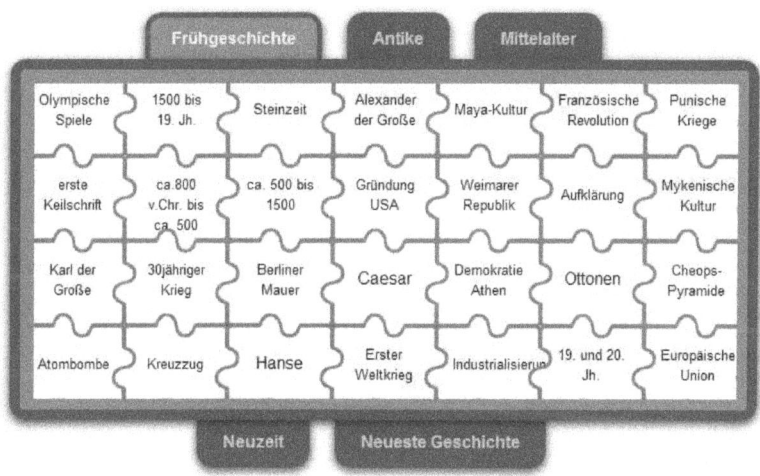

Abb. 3
http://learningapps.org/99980

---

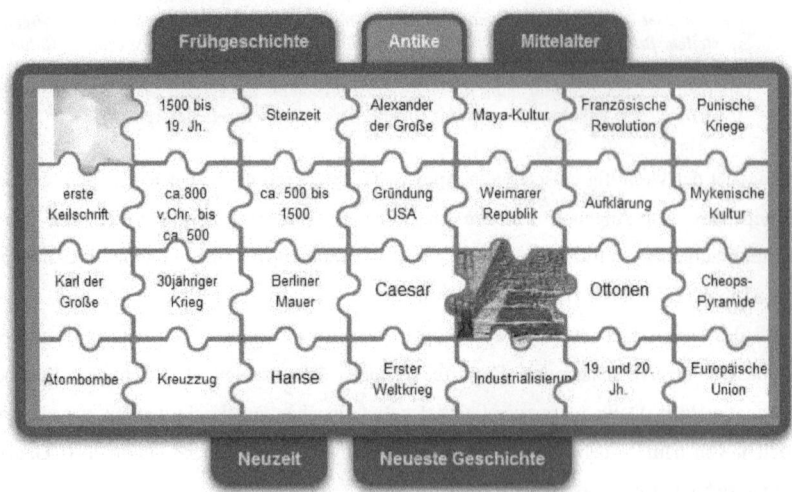

Abb. 4

http://learningapps.org/99980

Nach einem fehlerhaften Klick erscheint die folgende Grafik:

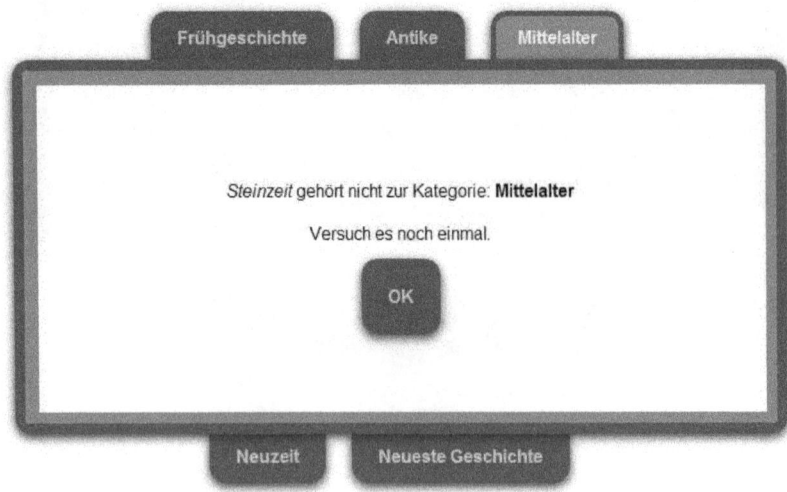

Abb. 4

http://learningapps.org/99980

Nach einer erfolgreichen Bearbeitung der Aufgabe erscheint folgendes:

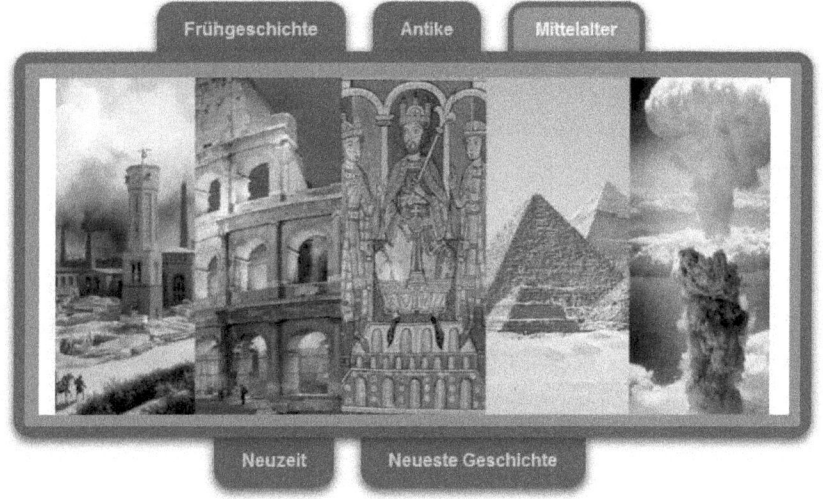

Abb. 5

http://learningapps.org/99980

Bei dieser Anwendung gibt es keinen Zeitdruck, sodass die Schülerinnen und Schüler auf ihrem Tablet gleichzeitig den für diese Übung als Basiswissen dienende Text im gemeinsamen Dropbox aufrufen und zwischen der Anwendung und dem Text wechseln können. Das Besondere von LearningApps ist, dass mit der Erstellung von Apps oder Bearbeitung bereits vorhandener Apps automatisch eine Linkadresse, ein Einbettcode und ein QR-Code erstellt werden, sodass die Apps außer auf den Tablets auch auf interaktiven Whiteboards genutzt werden können.

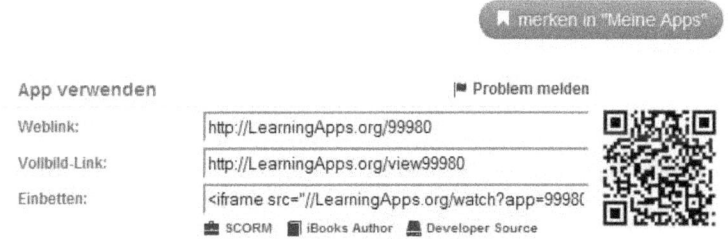

Abb. 6

http://learningapps.org/99980

15

# 7. Fazit

Der Einsatz von Tablets im Geschichtsunterricht in Verbindung mit der oben beschriebenen Anwendung scheint äußerst sinnvoll zu sein, da zentrale Jahreszahlen, Begriffe und Epochen so auf spielerische Art und Weise noch einmal aufgegriffen werden können. In der Oberstufe können Schülerinnen und Schüler auf ihren Tablets beispielsweise am Ende einer Unterrichtseinheit selbst Apps zu einzelnen Unterthemen erstellen, die anschließend von den Mitschülern bearbeitet werden. Ebenso wäre dies in unterrichtsbegleitender Form denkbar, sodass vor einem Test oder einer Klausur die Apps sowohl zum Wiederholen als auch zum Lernen herangezogen werden können. Auch der Einsatz in einer Erarbeitungsphase ist denkbar, in der beispielsweise andere Zuordnungsaufgaben möglich sind, die beliebig erstellt werden können, wodurch Flexibilität gewährt wird.

Aus der Erstellung der digitalen Anwendungen resultieren für die Lehrkräfte viele Vorteile. Zum einen liegen die Apps dauerhaft vor und können nach der Erstellung immer wieder eingesetzt werden. Zum anderen sind die Apps multimedial angelegt, so dass Texte, Bilder, Audio- und Videodateien eingebunden werden können, die auf den Tablets durch Multitasking auch gleichzeitig verwendet werden können. Den Lernenden stehen die Apps auch außerhalb der Schule zur Verfügung. Zum individuellen Wiederholen oder Üben können die Anwendungen zuhause auf dem eigenen Tablet oder auch auf dem Smartphone genutzt werden. Durch den Einsatz von Tablets entsteht sowohl bei der Erstellung als auch bei der Durchführung eine spielerische Art, die durchaus motivierend wirken kann. Man lernt, wiederholt, ohne dass es sich wie „Arbeit" anfühlt.

Eine der wichtigen Aufgaben und Herausforderungen der Geschichtsdidaktik ist, bereits vergangene Ereignisse zu erläutern. Die Schwierigkeit in der Erläuterung der vergangenen Ereignisse besteht darin, dass diese nicht reproduzierbar sind. Die Begegnung der Schüler mit den in diesem Zusammenhang stehenden Quellen, die essentiell für den Geschichtsunterricht sind, erfolgt in der Regel auf indirektem Wege durch Ab- oder Nachbildungen, Verkürzungen oder Übersetzungen, die als Ersatzmittel dienen.[34] „Zielgerichtet ausgewählt, didaktisch aufbereitet und zweckentsprechend eingesetzt" wird dem Lernenden der Zugang zum Vergangenen ermöglicht und somit die Realerfahrung ersetzt.[35] Es scheint, dass im 21. Jahrhundert digitale und softwarebasierte Medien als „Vermittler" von Wissen und Informationen oder als Kooperationsobjekt eine zentrale Rolle in der unterrichtlichen Praxis einnehmen werden. Im Konkreten bedeutet das Ganze für den Geschichtsunterricht, dass es

---

[34] Gies, H.: Geschichtsunterricht. Ein Handbuch zur. Unterrichtsplanung, Stuttgart 2004. S. 219f.
[35] Ebd., S. 215.

den Schülern ermöglicht wird, ihren individuellen Zugang zur Geschichte zu finden und auch einige Fragen an die Vergangenheit zu stellen.

# Anhang

## Literaturverzeichnis

Baacke, D.: Medienkompetenz - Begrifflichkeit und sozialer Wandel. In: von Rein, A. (Hrsg.).: Medienkompetenz als Schlüsselbegriff . Heilbronn 1996. S. 112-124.

Baumann, T.: Medienpädagogik, Internet und eLearning. 2005 Zürich.

Gies, H.: Geschichtsunterricht. Ein Handbuch zur. Unterrichtsplanung, Stuttgart 2004.

Iske, S.: Medienerziehung. In: Sandfuchs, U./Melzer, W./Dühlmeier, B./Rausch, A. (Hrsg.): Handbuch Erziehung. Bad Heilbrunn 2012. S. 682-686.

Spanhel, D.: Mediensozialisation in der Schule. In: Vollbrecht, R./Wegener, C. (Hrsg.): Handbuch Mediensozialisation. Wiesbaden 2010. S. 208-218.

Rave, J.: Computereinsatz. In: Pandel, H.-J./ Schneider, G. (Hrsg.): Handbuch Medien im Geschichtsunterricht. Schwalbach 2010. S. 623-650.

Tulodziecki, G.: Medien in Erziehung und Unterricht. Bad Heilbrunn 1997.

Vollbrecht, R./Wegener, C. (Hrsg.): Handbuch Mediensozialisation. Wiesbaden 2010.

## Wörterbücher/Duden

Duden: Deutsches Universalwörterbuch, neu bearb. Und erw. Auflage. Bearb. Von Günther Drosdowski und der Dudenredaktion. Mannheim u.a. 1996.

Langenscheidts Großes Schulwörterbuch. Lateinisch-Deutsch. Auflage 7.6.5. Berlin 1977.

## Internetquellen:

Ebner, M./Nagler, W./Schön, S.: Einführung. Das Themenfeld Lernen und Lehren mit Technologien. 2011. Online:

http://l3t.tugraz.at/index.php/LehrbuchEbner10/article/view/88/70/

Stefan Aufenanger – Vortrag: Digitale Medien in Schule und Unterricht_1114_2.key - 27. November 2014. Online: http://www.aufenanger.de/ (unter der Rubrik Vorträge).

http://www.zeit.de/2013/30/digitaler-unterricht-tablet-pcs

https://www.youtube.com/watch?v=NS2PqTTxFFc&feature=youtu.be

http://www.lmz-bw.de/medienbildung/aktuelles/mediaculture-blog/blogeinzelansicht/2014/tablets-im-unterricht-eine-antwort-auf-paedagogische-fragen-oder-nur-ein-lernwerkzeug.html

http://www.samsung.com/us/business/mobility/tablets/SM-T530NYKNXAR

http://www.learningapps.org

## Sonstige
Aufenanger, S.: Fachvortrag am Aachener Didaktiktag am 28. Nov. 2014. Digitale Medien in Schule und Unterricht.

## Abbildungsverzeichnis
Abbildung 1: http://www.ard-zdf-onlinestudie.de/index.php?id=501
Abbildung 2: http://www.ard-zdf-onlinestudie.de/index.php?id=500
Abbildung 3-7: http://learningapps.org/99980